Impressum
Verlag: BABADADA GmbH, Nedderfeld 112 , 22529 Hamburg
Geschäftsführer / Verlagsleitung: Harald Hof
Druck: Books on Demand GmbH, In de Tarpen 42, 22848 Norderstedt

Imprint
Publisher: BABADADA GmbH, Nedderfeld 112 , 22529 Hamburg, Germany
Managing Director / Publishing direction: Harald Hof
Print: Books on Demand GmbH, In de Tarpen 42, 22848 Norderstedt, Germany

学校

школа

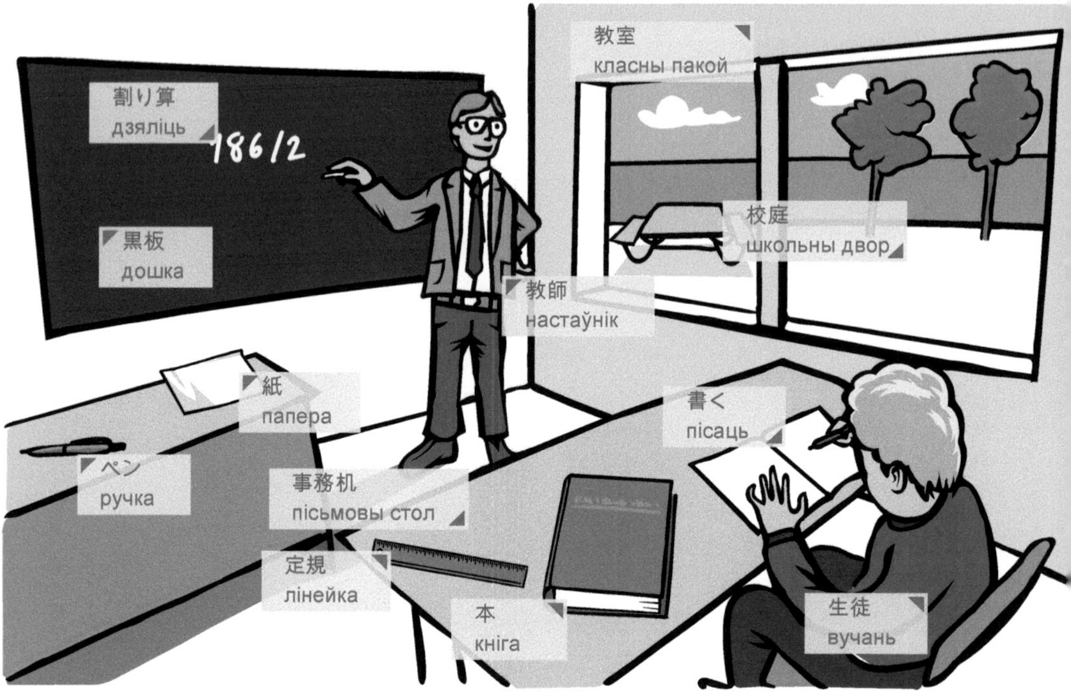

教室
класны пакой
割り算
дзяліць
186/2
校庭
школьны двор
黒板
дошка
教師
настаўнік
紙
папера
書く
пісаць
ペン
ручка
事務机
пісьмовы стол
定規
лінейка
本
кніга
生徒
вучань

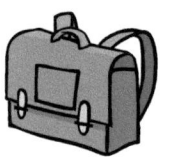

ランドセル

ранец

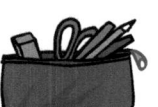

筆入れ

пенал

鉛筆

просты аловак

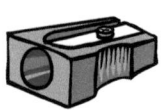

鉛筆削り

тачылка для алоўкаў

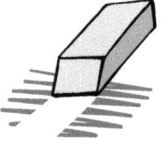

消しゴム

гумка

スケッチブック

альбом для малявання

スケッチ

малюнак

絵筆

пэндзлік

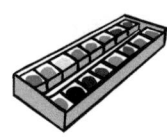

絵の具箱

фарбы

はさみ

нажніцы

接着剤

клей

練習帳

сшытак

宿題

хатняе заданне

数

лік

2+2

足し算

дадаваць

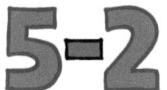

引き算

адымаць

2×2

かけ算

множыць

計算する

лічыць

A

文字

літара

ABCDEFG
HIJKLMN
OPQRSTU
VWXYZ

アルファベット

алфавіт

単語

слова

テキスト
тэкст

読む
чытаць

チョーク
крэйда

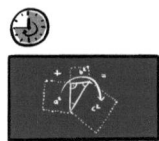

授業
ўрок

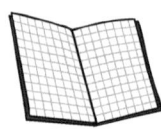

学級日誌
класны журнал

試験
экзамен

通知表
атэстат

制服
школьная форма

教育
адукацыя

百科事典
энцыклапедыя

大学
універсітэт

顕微鏡
мікраскоп

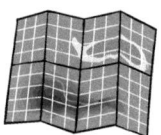

地図
карта

ごみ箱
смеццевы кошык

旅行
падарожжа

ホテル
гатэль
Grand
ホステル
хостэл
ROOMS
EXCHANGE
両替所
абменны пункт
スーツケ
ース
чамадан
自動車
аўтамабіль

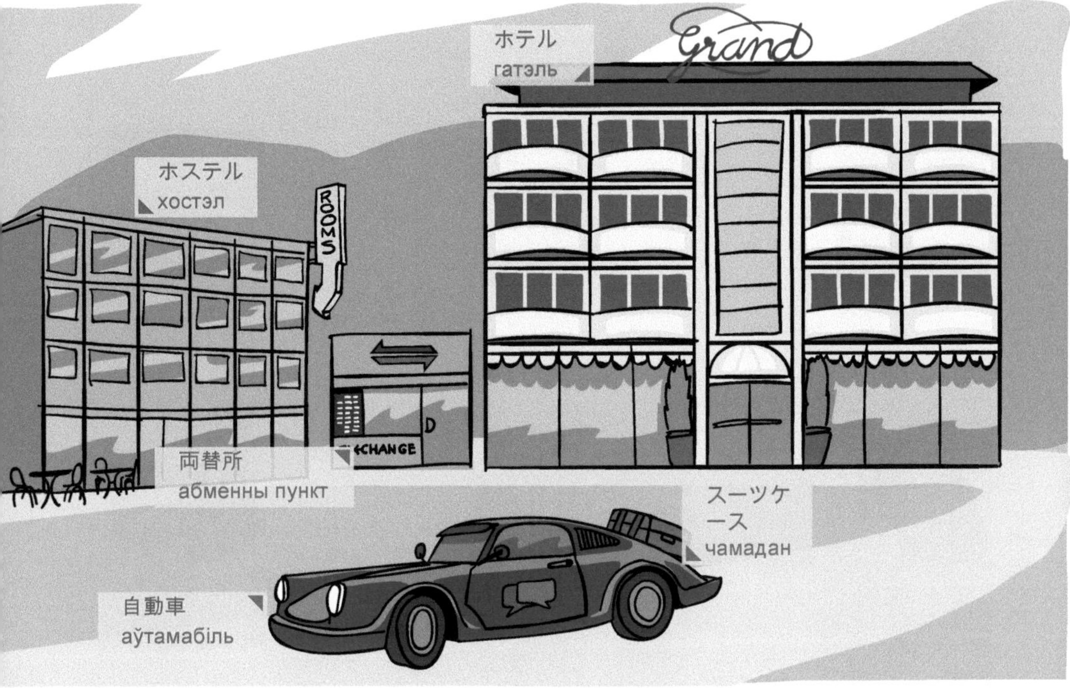

言語

мова

はい / いいえ

так / не

問題ない

добра

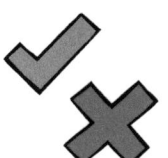

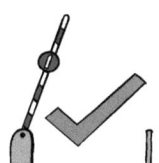

ハロー

прывітанне!

翻訳者

перакладчык

ありがとう

дзякуй

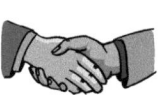

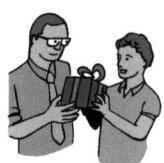

...はいくらですか？

Колькі каштуе....?

わかりません

я не разумею

問題

праблема

こんばんは！

Добры вечар!

おはようございます！

Добрай раніцы!

おやすみなさい！

Дабранач!

さようなら

да пабачэння

方向

кірунак

手荷物

багаж

バッグ

сумка

リュックサック

заплечнік

お客様

госць

部屋

пакой

寝袋

спальны мяшок

テント

палатка

旅行者情報

інфармацыя для турыстаў

ビーチ

пляж

クレジットカード

крэдытная картка

朝食

сняданне

昼食

абед

夕食

вячэра

チケット

праязны білет

エレベーター

ліфт

スタンプ

паштовая марка

境界

мяжа

税関

мытня

大使館

пасольства

ビザ

віза

パスポート

пашпарт

輸送

транспарт

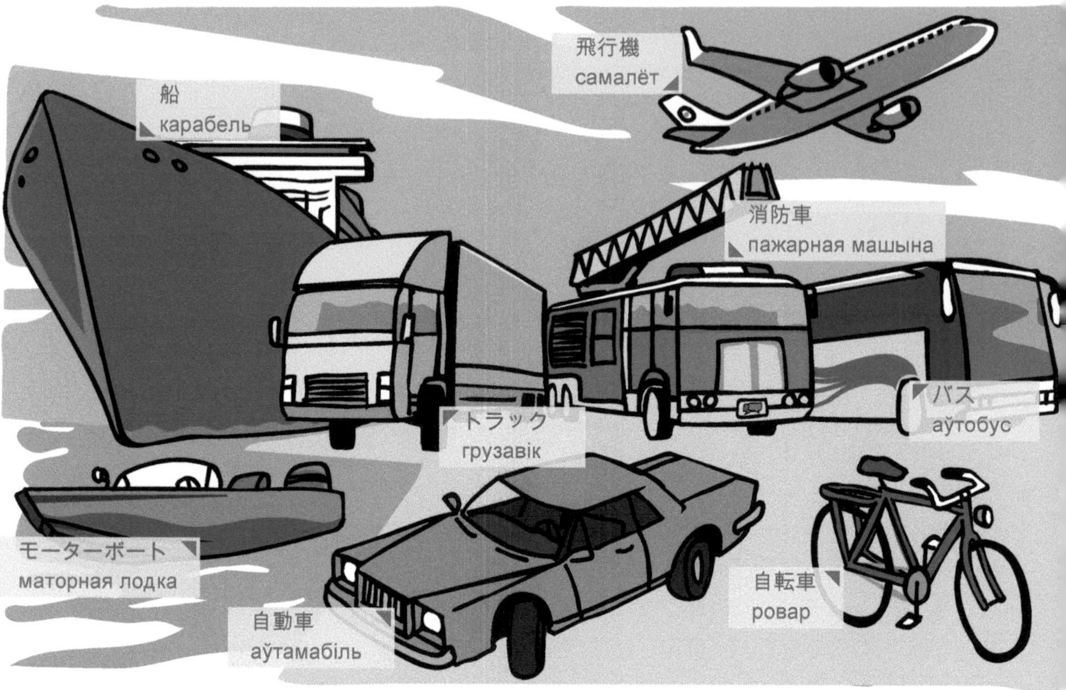

飛行機
самалёт
船
карабель
消防車
пажарная машына
バス
аўтобус
トラック
грузавік
モーターボート
маторная лодка
自転車
ровар
自動車
аўтамабіль

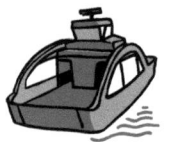

フェリー

паром

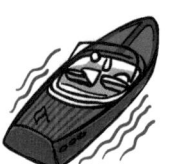

ボート

лодка

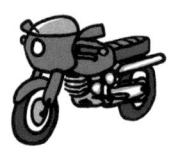

バイク

матацыкл

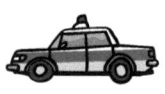

パトカー

паліцэйская машына

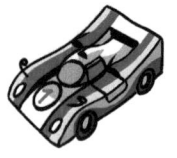

レーシングカー

гоначны аўтамабіль

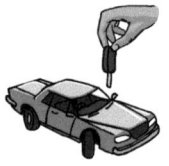

レンタカー

арэндаваны аўтамабіль

カーシェアリング

сумеснае карыстанне
аўтамабілем

レッカー車

эвакуатар

ごみ収集車

смеццявоз

モーター

матор

燃料

паліва

ガソリンスタンド

запраўка

交通標識

дарожны знак

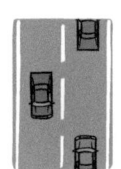

交通

дарожны рух

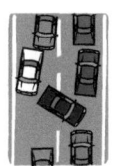

渋滞

затор

駐車場

паркоўка

駅

чыгуначная станцыя

道

рэйкі

列車

цягнік

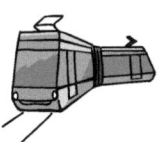

路面電車

трамвай

車両

вагон

ヘリコプター

верталёт

空港

аэрапорт

タワー

вежа

乗客

пасажыр

コンテナ

кантэйнер

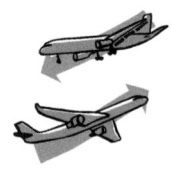

段ボール箱

кардонная скрыня

カート

тачка

カゴ

карзіна

離陸 / 着陸

ўзлятаць / прызямляцца

都市

горад

村

вёска

都心

цэнтр горада

家

дом

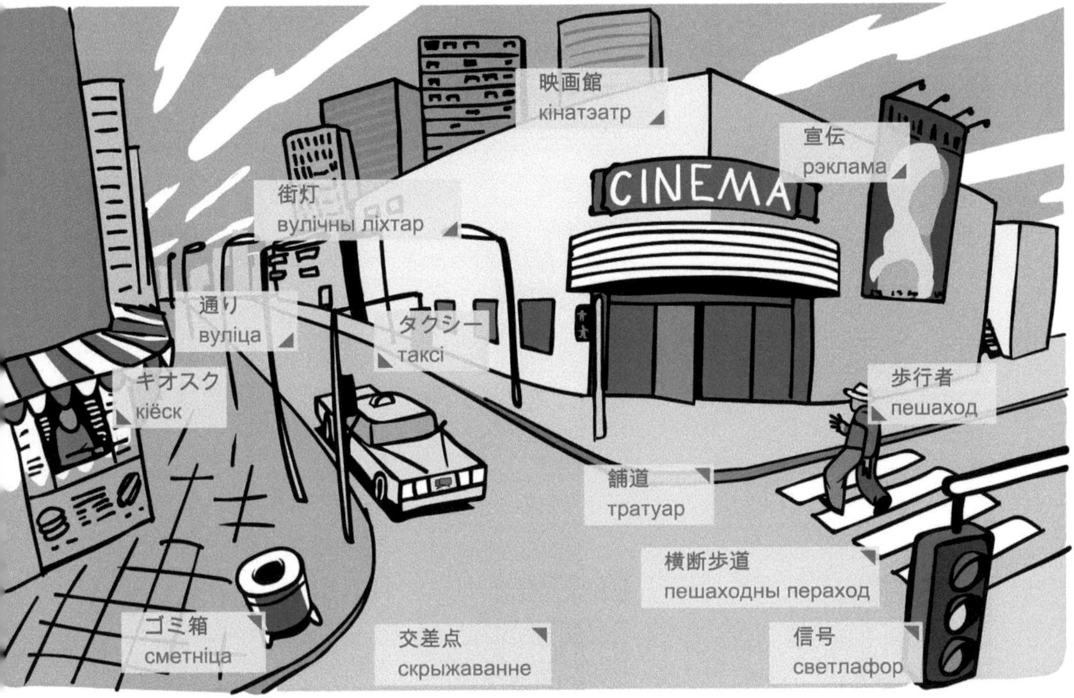

映画館
кінатэатр

宣伝
рэклама

街灯
вулічны ліхтар

通り
вуліца

タクシー
таксі

キオスク
кіёск

歩行者
пешаход

舗道
тратуар

横断歩道
пешаходны пераход

ゴミ箱
сметніца

交差点
скрыжаванне

信号
светлафор

小屋

халупа

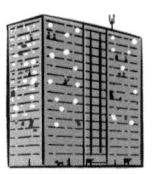

アパート

кватэра

駅

чыгуначная станцыя

市役所

ратуша

美術館

музей

学校

школа

都市 - горад

大学

універсітэт

銀行

банк

病院

шпіталь

ホテル

гатэль

薬局

аптэка

オフィス

офіс

書店

кнігарня

ショップ

крама

花屋

кветкавая крама

スーパーマーケット

супермаркет

市場

кірмаш

デパート

універмаг

魚屋

рыбная крама

ショッピングセンター

гандлевы цэнтр

港

порт

公園

парк

ベンチ

лава

橋

мост

階段

лесвіца

地下鉄

метро

トンネル

тунэль

バス停

прыпынак

バー

бар

レストラン

рэстаран

ポスト

паштовая скрыня

道路標識

вулічны паказальнік

パーキングメーター

паркамат

動物園

заапарк

スイミングプール

басейн

モスク

мячэць

農場

сядзіба

污染

забруджванне
навакольнага асяроддзя

墓地

могілкі

教会

царква

遊び場

пляцоўка для гульні

寺

храм

風景

краявід

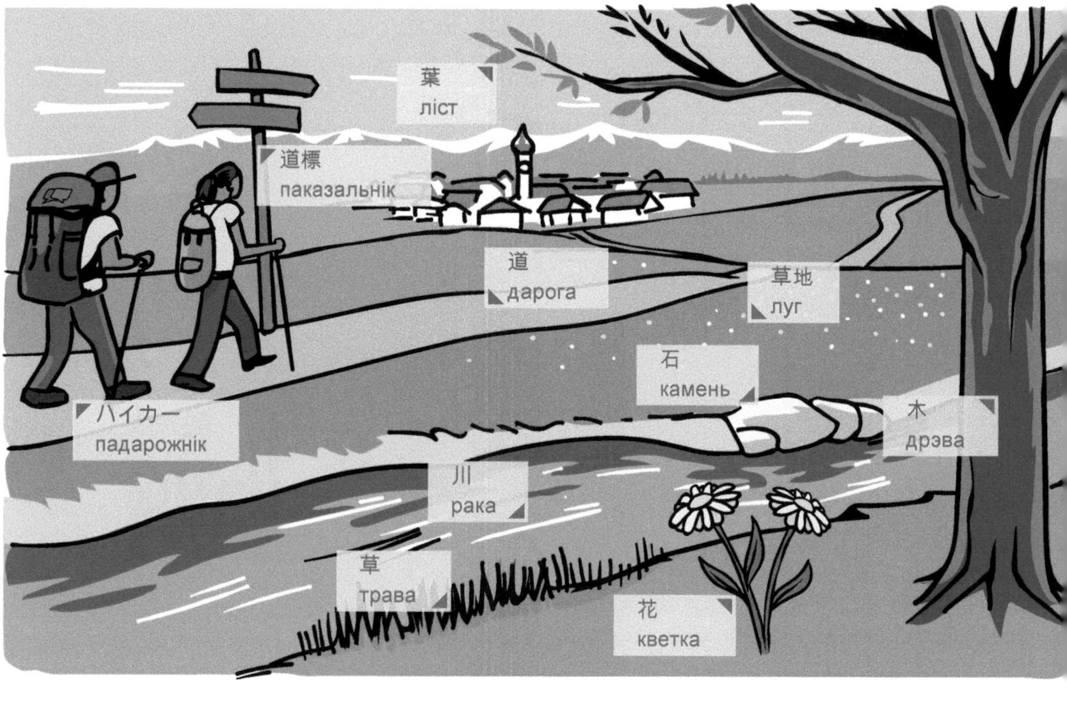

葉
ліст

道標
паказальнік

道
дарога

草地
луг

石
камень

木
дрэва

ハイカー
падарожнік

川
рака

草
трава

花
кветка

谷
дaлінa

山
гара

湖
возера

森
лес

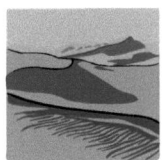

砂漠
пустыня

火山
вулкан

城
замак

虹
вясёлка

キノコ
грыб

ヤシの木
пальма

蚊
камар

ハエ
муха

蟻
мурашка

ミツバチ
пчала

クモ
павук

カブトムシ

жук

蛙

жаба

リス

вавёрка

ハリネズミ

вожык

ウサギ

заяц

フクロウ

сава

鳥

птушка

白鳥

лебедзь

雄豚

дзік

鹿

алень

ヘラジカ

лось

ダム

пляціна

風力タービン

вятрак

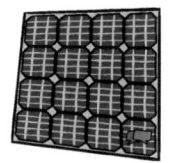

ソーラーパネル

сонечная батарэя

気候

клімат

ウェイター
▶ афіцыянт

メニュー
▶ меню

椅子
▶ крэсла

スープ
суп

ピザ
піца

刃物類
сталовыя прыборы

テーブルクロス
абрус

前菜

закуска

メインコース

другая страва

デザート

дэсерт

飲み物

напоі

食べ物

ежа

ボトル

бутэлька

ファストフード

хуткае харчаванне (фаст-фуд)

屋台の食べ物

стрыт-фуд

ティーポット

імбрык (чайнік)

砂糖入れ

цукарніца

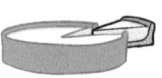

一人前

порцыя

エスプレッソマシン

эспрэса-машына

幼児用食事椅子

дзіцячае крэселка

請求書

рахунак

トレー

паднос

ナイフ

нож

フォーク

відэлец

スプーン

лыжка

ティースプーン

чайная лыжка

ナプキン

сурвэтка

グラス

шклянка

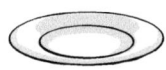

皿

талерка

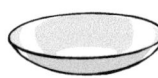

スープ皿

супавая талерка

受け皿

сподак

ソース

соус

塩入れ

сальніца

ペッパーミル

млынок для перцу

酢

воцат

油

алей

スパイス

спецыі

ケチャップ

кетчуп

マスタード

гарчыца

マヨネーズ

маянэз

スーパーマーケット

супермаркет

特価品
акцыя
FOR
顧客
пакупнік
乳製品
малочныя прадукты
果物
садавіна
ショッピング・カート
вазок

BUTCHERS

肉屋

мясная крама

BAKERY

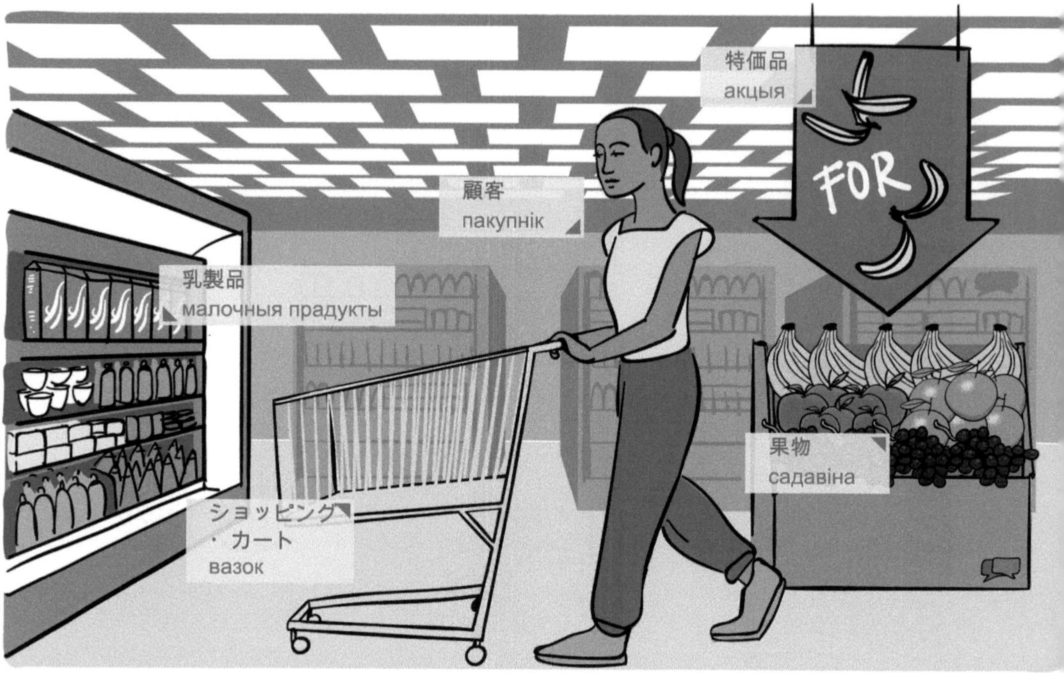

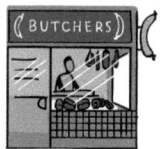

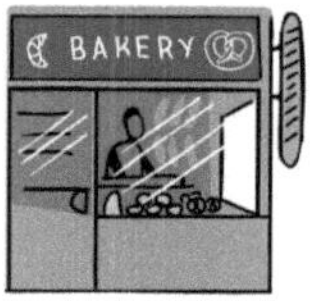

パン屋

хлебны магазін

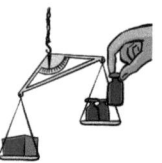

重さをはかる

важыць

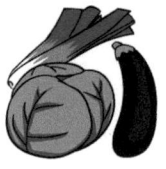

野菜

гароднiна

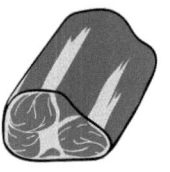

肉

мяса

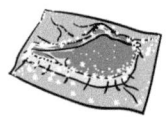

冷凍食品

свежазамарожаныя прадукты

冷肉の薄切り
нарэзка

缶詰食品
кансервы

洗剤
пральны парашок

菓子
прысмакі

家庭用品
хатнія прылады

清掃用品
чысцячы сродак

販売員
прадавец

現金箱
каса

レジ係
касір

買い物リスト
спіс пакупак

開館時刻
гадзіны працы

財布
бумажнік

クレジットカード
крэдытная картка

バッグ
сумка

ポリ袋
пакет

水

вада

ジュース

сок

牛乳

малако

コーラ

кола

ワイン

віно

ビール

піва

アルコール

алкаголь

ココア

какава

紅茶

гарбата (чай)

コーヒー

кава

エスプレッソ

эспрэса

カプチーノ

капучына

バナナ

банан

リンゴ

яблык

オレンジ

апельсін

メロン

дыня

レモン

лімон

ニンジン

морква

ニンニク

часнок

竹

бамбук

玉ねぎ

цыбуля

キノコ

грыб

ナッツ

арэхі

ヌードル

локшына

スパゲッティ

спагеці

米

рыс

サラダ

салата

フライドポテト

бульба фры

フライドポテト

смажаная бульба

ピザ

піца

ハンバーガー

гамбургер

サンドウィッチ

бутэрброд

カツレツ

шніцаль

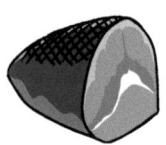

ハム

вяндліна

サラミ

салямі

ソーセージ

каўбаса

鶏肉

курыца

焼き

смажаніна

魚

рыбак

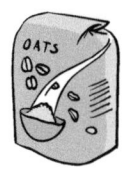

麦のお粥

аўсяныя камякі

ムーズリ

мюслі

コーンフレーク

кукурузныя шматкі

小麦粉

мука

クロワッサン

круасан

ロールパン

булачка

パン

хлеб

トースト

тост

ビスケット

пячэнне

バター

масла

カッテージチーズ

тварог

ケーキ

пірог

卵

яйка

目玉焼き

яечня

チーズ

сыр

アイスクリーム

марожанае

砂糖

цукар

はちみつ

мёд

ジャム

варэнне

ヌガークリーム

нуга

カレー

кары

農家
хата

ストローベール
цюк саломы

納屋
хлеў

畑
поле

馬
конь

トレーラー
прычэп

子馬
жарабя

トラクター
трактар

ロバ
асёл

羊
авечка

子羊
ягня

ヤギ

каза

雌牛

карова

子牛

цяля

豚

свіння

子豚

парася

雄牛

бык

ガチョウ

гусак

アヒル

качка

ひよこ

кураня

にわとり

курыца

おんどり

певень

ネズミ

пацук

猫

кот

ねずみ

мыш

雄牛

вол

犬

сабака

犬小屋

сабачая будка

散水ホース

садовы шланг

じょうろ

палівачка

大鎌

каса

すき

плуг

農場 - сядзіба

草刈り鎌

серп

くわ

матыка

堆肥用フォーク

вілы для гною

斧

сякера

手押し車

тачка

かいばおけ

карыта

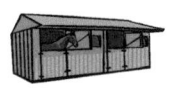

牛乳缶

бітон для малака

袋

мех

フェンス

плот

畜舎

хлеў

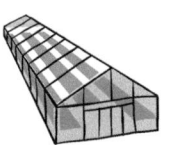

温室

цяпліца

土壌

глеба

種

насенне

肥料

угнаенне

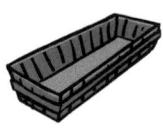

コンバイン

камбайн

収穫する

збіраць ураджай

収穫

ураджай

ヤマイモ

ямс

小麦

пшаніца

大豆

соя

じゃがいも

бульба

トウモロコシ

кукуруза

菜種

рапс

果樹

садовае дрэва

キャッサバ

маніёк

穀物

збожжа

煙突
комін

屋根
дах

排水管
вадасцёк

窓
акно

車庫
гараж

呼び鈴
званок

ドア
дзверы

ゴミ箱
вядро для смецця

郵便受け
паштовая скрыня

庭
сад

リビングルーム

жылы пакой

浴室

ванная

台所

кухня

寝室

спальны пакой

子供部屋

дзіцячы пакой

ダイニング・ルーム

сталоўка

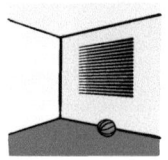

床
パドロガ
падлога

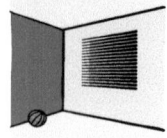

壁
сцяна

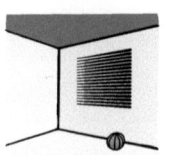

天井
столь

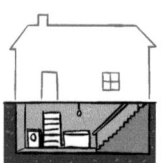

地下貯蔵庫
падвал

サウナ
саўна

バルコニー
балкон

テラス
тэраса

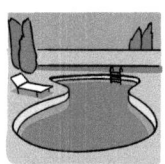

プール
басейн

芝刈り機
касілка

シーツ
падкоўдранік

ベッドカバー
коўдра

ベッド
ложак

ほうき
венік

バケツ
вядро

スイッチ
выключальнік

リビングルーム

жылы пакой

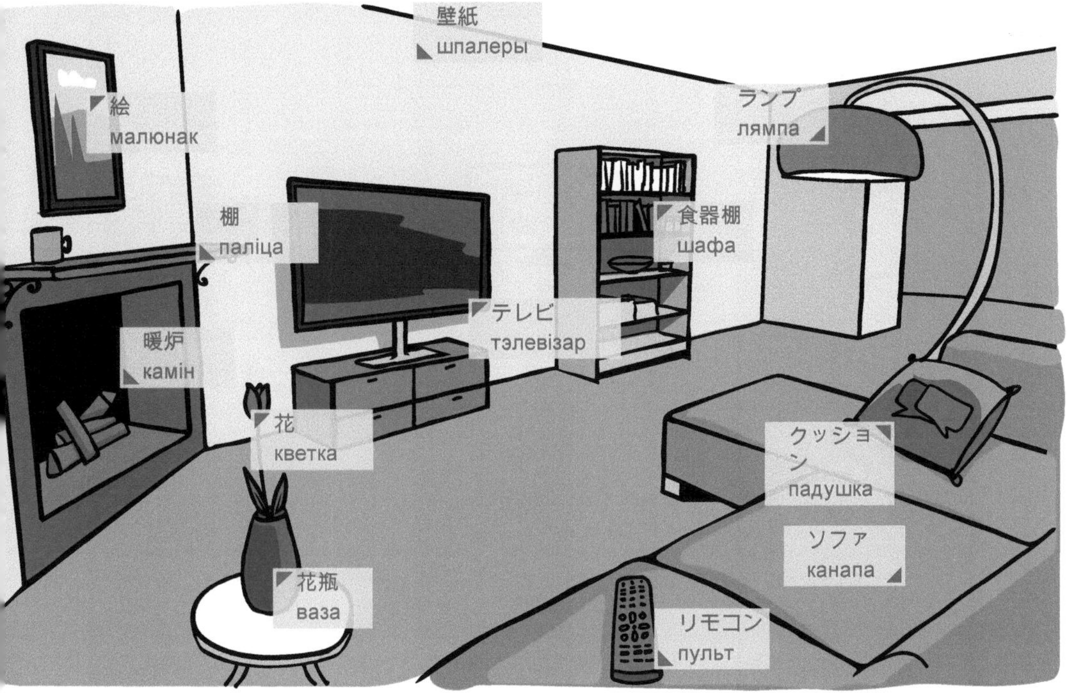

壁紙
шпалеры
絵
малюнак
ランプ
лямпа
棚
паліца
食器棚
шафа
テレビ
тэлевізар
暖炉
камін
花
кветка
クッション
падушка
ソファ
канапа
花瓶
ваза
リモコン
пульт

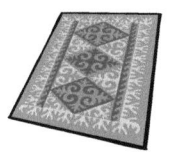

カーペット

дыван

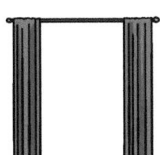

カーテン

фіранка

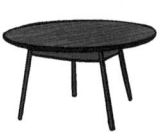

テーブル

стол

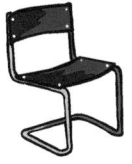

椅子

крэсла

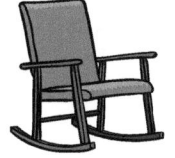

ロッキングチェア

крэсла-качалка

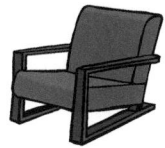

ひじ掛け椅子

крэсла

本
кніга

毛布
коўдра

飾り
дэкарацыя

たきぎ
дровы

映画
кіно

ステレオ
стэрэасістэма

鍵
ключ

新聞
газета

絵画
карціна

ポスター
постар

ラジオ
радыё

メモ帳
нататнік

掃除機
пыласос

サボテン
кактус

ろうそく
свечка

台所

кухня

冷蔵庫
халадзільнік
電子レンジ
мікрахвалёвая печ
調理用はかり
кухонныя шалі
トースター
тостар
洗剤
мыйны сродак
オーブン
духоўка
冷凍室
маразілка
ゴミ箱
вядро для смецця
食器洗い機
посудамыйная машына

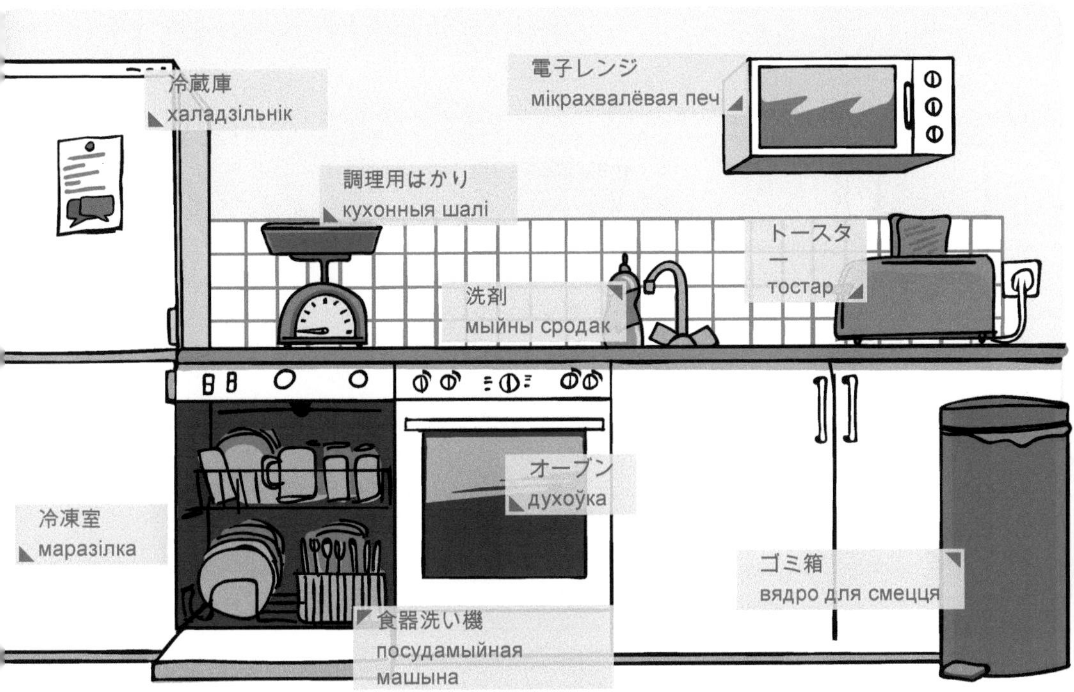

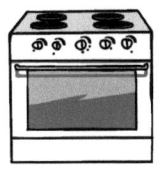

こんろ

пліта

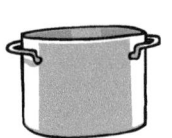

鍋

рондаль

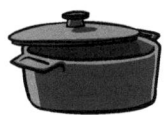

鉄鍋

чыгунок

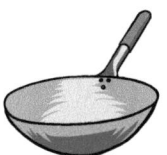

中華鍋/ カダイ鍋

Вок / кадаі

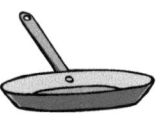

フライパン

патэльня

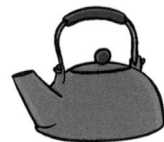

やかん

чайнік

蒸し器

パラварка

天板

бляха

食器

посуд

マグカップ

кубак

ボウル

міска

箸

палачкі для ежы

おたま

чарпак

へら

лапатачка

泡立て器

збівалка

こし器

сіта для варэння

ふるい

сіта

すりおろし器

тарка

すり鉢

ступка

バーベキュー

грыль

かまど

вогнішча

まな板

дошка

麺棒

качалка

栓抜き

штопар

缶

бляшанка

缶切り

адкрывалка

鍋つかみ

прыхваткі

流し

ракавіна

ブラシ

шчотка

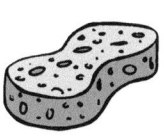

スポンジ

губка

ミキサー

міксер

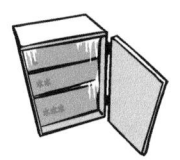

冷凍庫

маразільная камера

哺乳瓶

бутэлечка

蛇口

вадаправодны кран

浴室

ванная

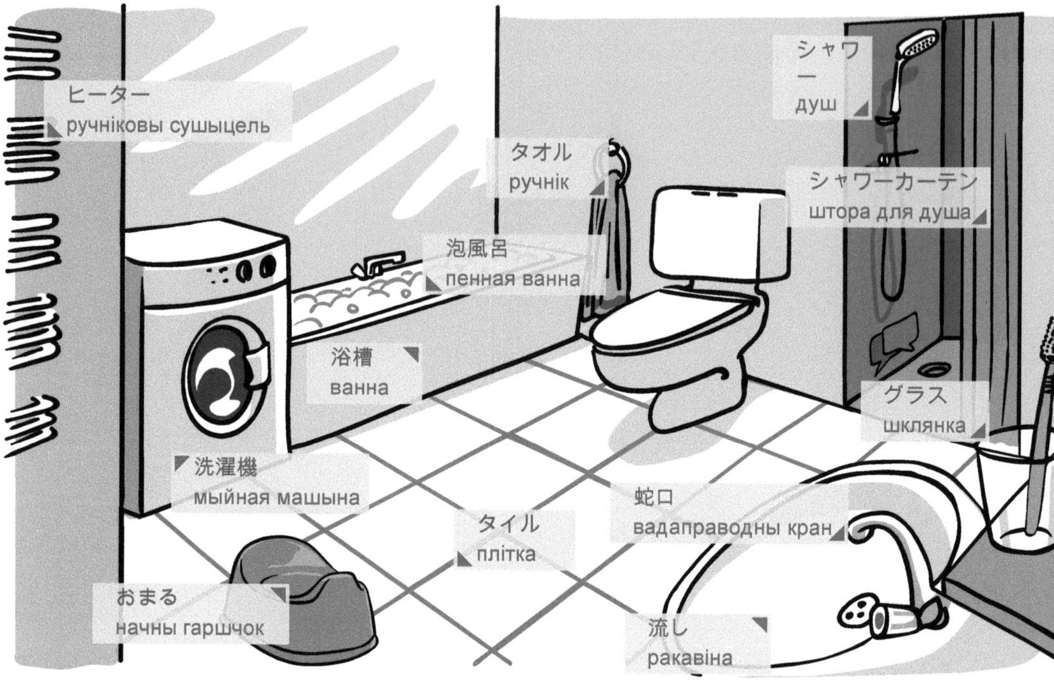
ヒーター
ручніковы сушыцель
タオル
ручнік
シャワー
душ
シャワーカーテン
штора для душа
泡風呂
пенная ванна
浴槽
ванна
グラス
шклянка
洗濯機
мыйная машына
蛇口
вадаправодны кран
タイル
плітка
おまる
начны гаршчок
流し
ракавіна

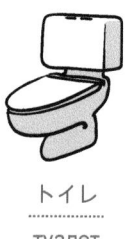

トイレ

туалет

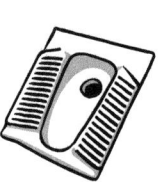

和式トイレ

падлогавы ўнітаз

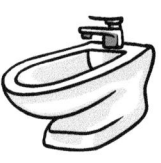

ビデ

бідэ

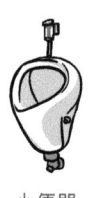

小便器

пісуар

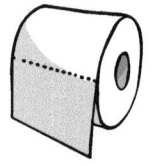

トイレットペーパー

туалетная папера

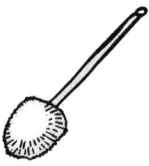

トイレブラシ

шчотка для чысткі ўнітаза

歯ブラシ

зубная шчотка

歯みがき

зубная паста

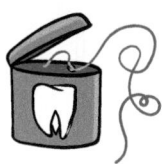

デンタルフロス

зубная нітка

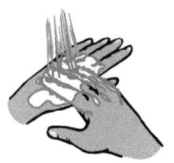

洗う

мыць

シャワーヘッド

ручны душ

ハンドビデ

інтымны душ

洗面台

умывальнік

ボディブラシ

шчотка для спіны

石鹸

мыла

シャワー用ジェル

гель для душа

シャンプー

шампунь

浴用タオル

вяхотка

排水口

вадасцёк

クリーム

крэм

消臭

дэзадарант

浴室 - ванная

鏡

люстэрка

手鏡

касметычнае люстэрка

かみそり

станок для галення

シェービング・フォーム

пена для галення

アフターシェーブローシ

ласьён пасля галення

櫛

грэбень

ブラシ

шчотка

ドライヤー

фен

ヘアスプレー

лак для валасоў

化粧

касметыка

口紅

памада

マニキュア

лак для пазногцяў

脱脂綿

вата

爪切り

манікюрныя нажніцы

香水

духі

洗面用具入れ

касметычка

スツール

табурэтка

体重計

вагі

バスローブ

лазневы халат

ゴム手袋

санітарныя пальчаткі

タンポン

тампон

生理用ナプキン

гігіенічныя пракладкі

ケミカルトイレ

біятуалет

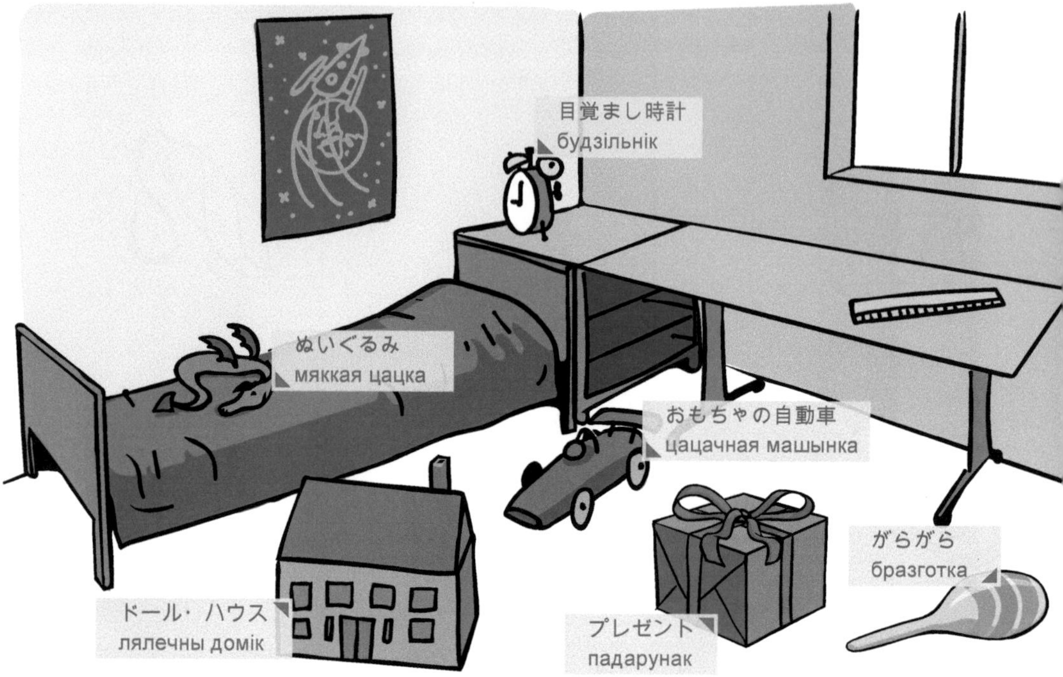

目覚まし時計
будзільнік
ぬいぐるみ
мяккая цацка
おもちゃの自動車
цацачная машынка
がらがら
бразготка
ドール・ハウス
лялечны домік
プレゼント
падарунак

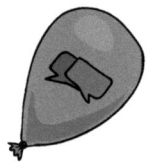

風船

надзіманы шарык

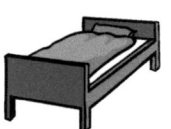

ベッド

ложак

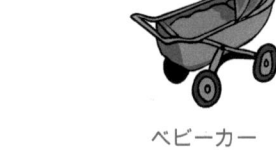

ベビーカー

дзіцячая каляска

カードゲーム

калода картаў

ジグソーパズル

пазл

SUPER
MEGA

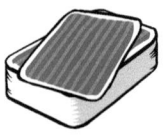

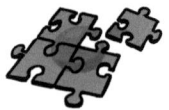

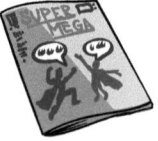

漫画

комікс

レゴ

канструктар "Лега"

玩具ブロック

канструктар

アクションフィギュア

экшэн-фігурка

ロンパース

дзіцячы гарнітур

フリスビー

фрызбі

モバイル

дзіцячы мабіль

ボードゲーム

настольная гульня

さいころ

кубік

鉄道模型

дзіцячая чыгунка

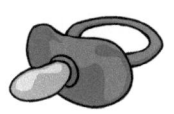

おしゃぶり

пустышка

パーティー

дзіцячае свята

絵本

кніга з малюнкамі

ボール

мячык

人形

лялька

遊ぶ

гуляцца

砂場

пясочніца

ブランコ

арэлі

おもちゃ

цацкі

ゲーム機

гульнявая відэа прыстаўка

三輪車

трохколавы ровар

テディベア

плюшавы мішка

衣装ダンス

шафа

衣服

адзенне

靴下

шкарпэткі

ストッキング

панчохі

タイツ

калготкі

スカーフ
шалік

雨傘
парасон

Tシャツ
цішотка

ベルト
рамень

ブーツ
боты

スリッパ
пантоплі

スニーカー
красоўкі

サンダル
сандалі

靴
абутак

ゴム長靴
гумовыя боты

パンツ
трусы

ブラ
бюстгальтар

ベスト
майка

衣服 - адзенне

ボディースーツ

бодзі

ズボン

штаны

ジーンズ

джынсы

スカート

спадніца

ブラウス

блузка

シャツ

кашуля

セーター

джэмпер

パーカー

талстоўка

ブレザー

блэйзер

ジャケット

куртка

コート

паліто

レインコート

дажджавік

服装

касцюм

ドレス

сукенка

ウェディングドレス

вясельная сукенка

衣服 - адзенне

スーツ

касцюм

ナイトガウン

начная сарочка

パジャマ

піжама

サリー

сары

ヘッドスカーフ

хустка

ターバン

цюрбан

ブルカ

паранджа

カフタン

каптан

アバヤ

Абая

水着

купальнік

トランクス

плаўкі

半ズボン

шорты

スウェットスーツ

спартыўны касцюм

エプロン

фартух

手袋

пальчаткі

ボタン

гузік

メガネ

акуляры

ブレスレット

бранзалет

ネックレス

каралі

指輪

кальцо

イヤリング

завушніца

帽子

кепка

ハンガー

вешалка

帽子

капялюш

ネクタイ

гальштук

ファスナー

маланка

ヘルメット

шлем

サスペンダー

падцяжкі

制服

школьная форма

ユニフォーム

уніформа

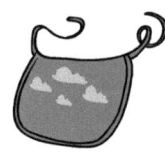

よだれかけ

нагруднік

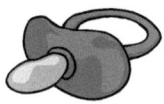

おしゃぶり

пустышка

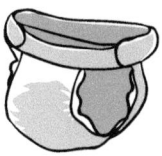

おむつ

падгузнік

オフィス

офіс

サーバ
сервер
書類キャビネット
канцылярская шафа
プリンター
прынтэр
紙
папера
モニター
манітор
マウス
мыш
事務机
пісьмовы стол
フォルダー
тэчка
キーボード
клавіятура
椅子
крэсла
ごみ箱
смеццевы кошык
コンピューター
кампутар

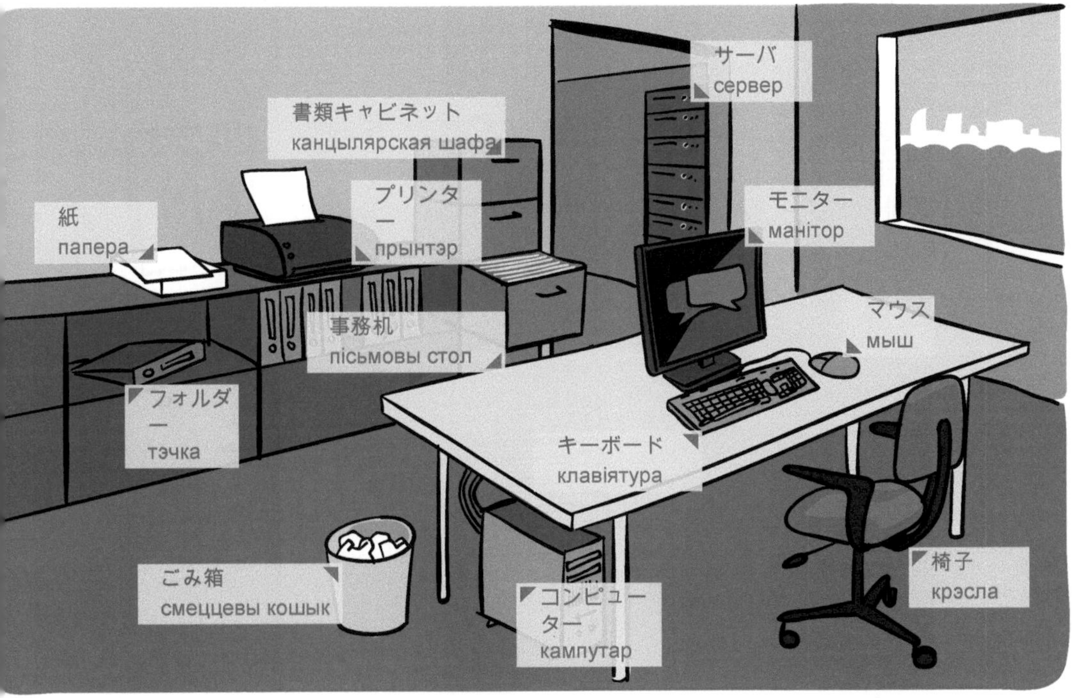

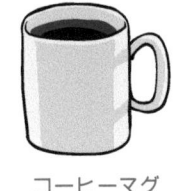

コーヒーマグ

кубак для кавы (філіжанка)

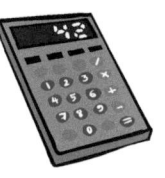

計算機

калькулятар

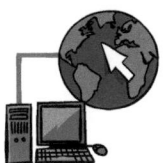

インターネット

інтэрнэт

ラップトップ

ноўтбук

手紙

ліст

メッセージ

паведамленне

携帯電話

мабільны тэлефон

ネットワーク

сетка

コピー機

ксеракс

ソフトウェア

праграмнае забеспячэнне

電話

тэлефон

コンセント

разетка

ファックス

факс

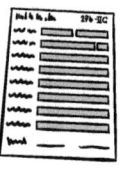

フォーム

фармуляр

書類

дакумент

買う

купляць

支払う

плаціць

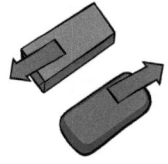

取引する

гандляваць

お金

грошы

ドル

долар

ユーロ

еўра

円

ена

ルーブル

рубель

スイスフラン

франк

人民元

кітайскі юань

ルピー

рупія

キャッシュポイント

банкамат

両替所

абменны пункт

金

золата

銀

срэбра

油

нафта

エネルギー

энергія

価格

цана

契約

кантракт

税金

падатак

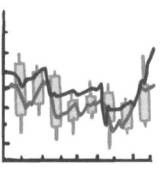

株

акцыя

働く

працаваць

従業員

служачы

雇用主

працадаўца

工場

фабрыка

ショップ

крама

職業

прафесіі

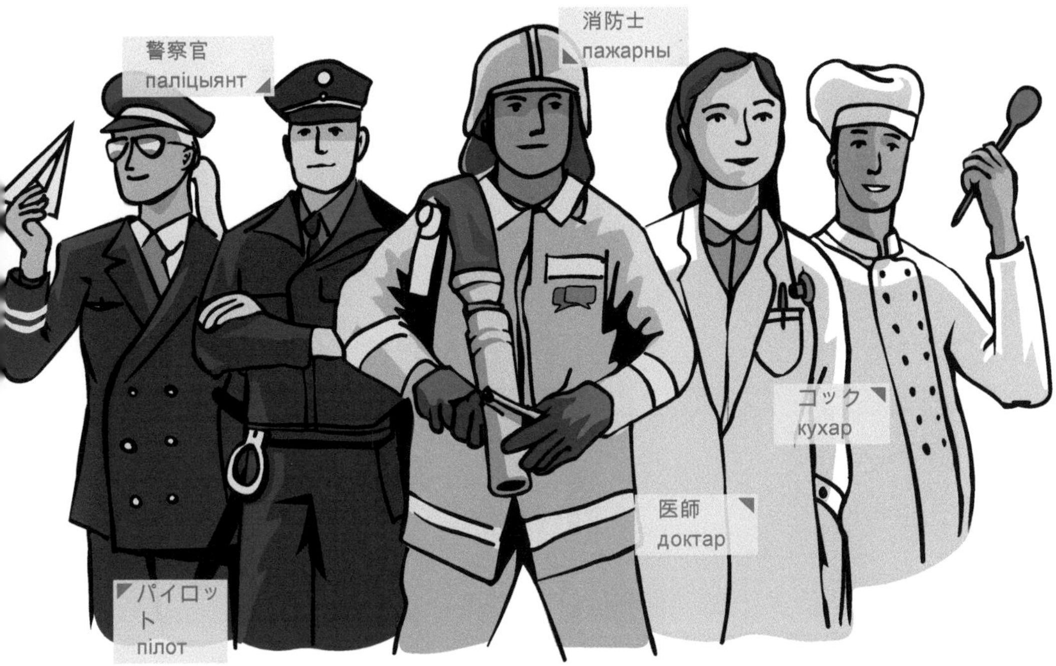
警察官
паліцыянт
消防士
пажарны
コック
кухар
医師
доктар
パイロット
пілот

庭師

садоўнік

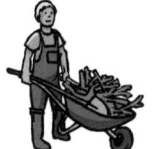

大工

слесар

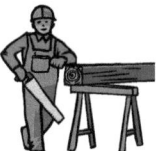

お針子

швачка

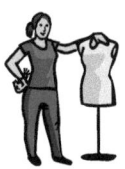

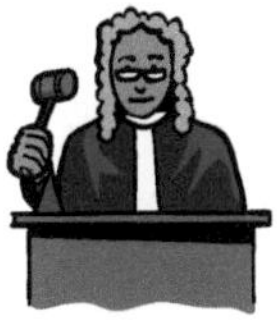

裁判官

суддзя

化学者

хімік

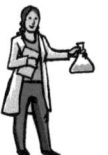

俳優

артыст

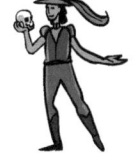

バスの運転手

кіроўца аўтобуса

タクシー運転手

таксіст

漁師

рыбак

掃除婦

прыбіральшчыца

屋根ふき職人

страхар

ウェイター

афіцыянт

ハンター

паляўнічы

塗装工

мастак

パン屋

пекар

電気工

электрык

建設作業員

будаўнік

エンジニア

інжынер

肉屋

мяснік

配管工

сантэхнік

郵便配達人

пашталён

軍人
салдат

建築家
архітэктар

レジ係
касір

花屋
фларыст

美容師
цырульнік

車掌
кандуктар

機械工
механік

キャプテン
капітан

歯科医
стаматолаг

科学者
вучоны

ラビ
рабін

イスラム導師
імам

修道士
манах

牧師
святар

職業 - прафесіі

道具
інструменты

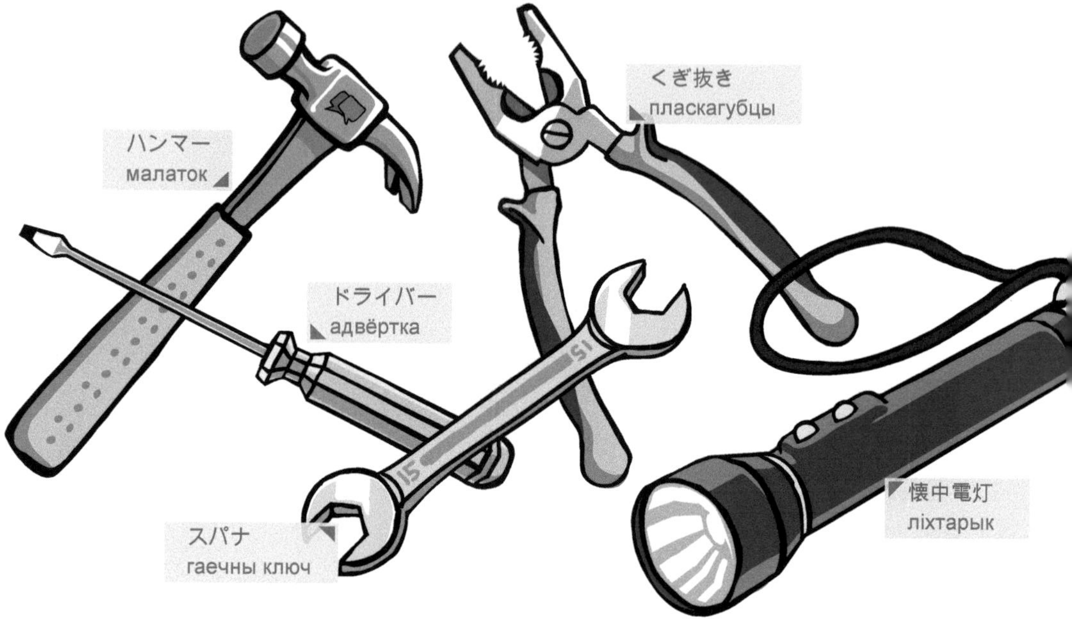

ハンマー
малаток
くぎ抜き
пласкагубцы
ドライバー
адвёртка
スパナ
гаечны ключ
懐中電灯
ліхтарык

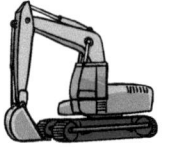

掘削機

экскаватар

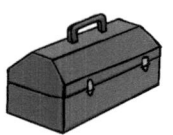

道具箱

скрыня для інструментаў

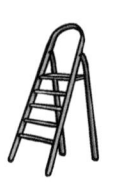

はしご

дравіны

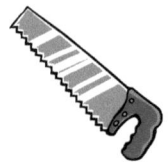

のこぎり

піла

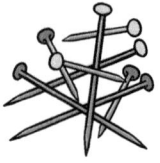

釘

цвікі

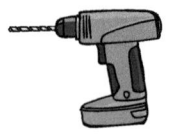

ドリル

дрыль

修理する

рамантаваць

シャベル

рыдлеўка

クソ！

Халера!

ちりとり

шуфлік для смецця

ペンキ缶

вядро з фарбаю

ネジ

балты

楽器

музычныя інструменты

打楽器
ударны інструмент

スピーカ
калонкі

ギター
гітара

コントラバス
кантрабас

トランペット
труба

ピアノ

піяніна

バイオリン

скрыпка

バス

басгітара

ティンパニ

літаўры

ドラム

барабан

キーボード

клавішны электрамузычны
інструмент

サックス

саксафон

フルート

флейта

マイクロフォン

мікрафон

動物園

заапарк

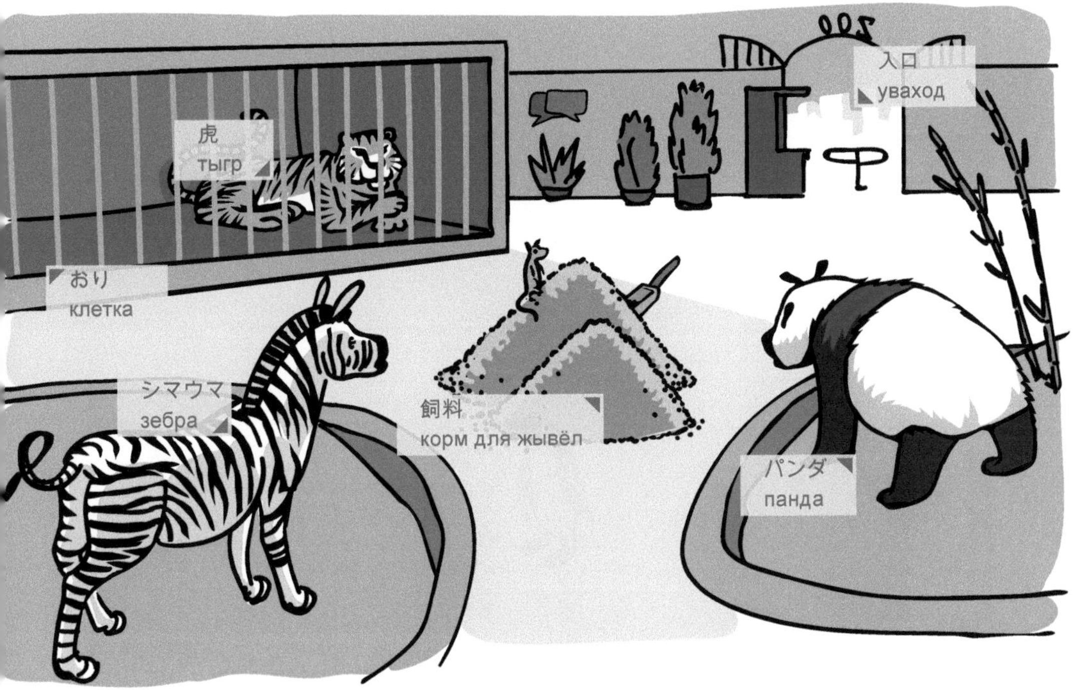

入口
уваход
虎
тыгр
おり
клетка
シマウマ
зебра
飼料
корм для жывёл
パンダ
панда

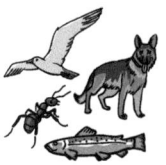

動物

жывёлы

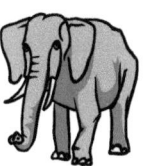

象

слон

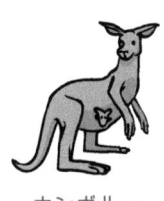

カンガルー

кенгуру

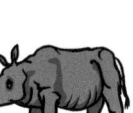

サイ

насарог

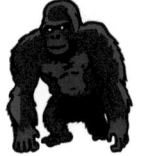

ゴリラ

гарыла

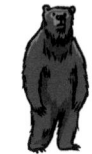

熊

мядзведзь

ラクダ

вярблюд

ダチョウ

стравус

ライオン

леў

猿

малпа

フラミンゴ

фламінга

オウム

папугай

白クマ

белы мядзведзь

ペンギン

пінгвін

サメ

акула

クジャク

паўлін

蛇

змяя

ワニ

кракадзіл

飼育係

наглядчык заапарка

アザラシ

цюлень

ジャガー

ягуар

ポニー
ポニ

ヒョウ
леапард

カバ
бегемот

キリン
жыраф

鷲
арол

雄豚
дзік

魚
рыбак

亀
чарапаха

セイウチ
морж

狐
ліса

ガゼル
газель

アメフト
амерыканскі футбол

サイクリング
веласпорт

テニス
тэніс

バスケットボール
ー ル
баскетбол

水泳
плаванне

アイスホッケー
хакей з шайбай

ボクシン
グ
бокс

サッカー
футбол

バドミントン
бадмінтон

陸上競技
лёгкая атлетыка

ハンドボール
гандбол

スキー
горныя лыжы

ポロ
пола

跳ぶ
скакаць

笑う
смяяцца

抱きしめる
абдымаць

歩く
ісці

歌う
спяваць

夢見る
марыць

祈る
маліцца

キス
цалаваць

書く
пісаць

描く
маляваць

示す
паказваць

押す
націснуць

与える
даваць

取る
браць

持っている
маць

する
выконваць

ある
быць

立つ
стаяць

走る
бегчы

引く
цягнуць

投げる
кідаць

落ちる
падаць

横たわっている
ляжаць

待つ
чакаць

運ぶ
насіць

座る
сядзець

着る
апранацца

眠る
спаць

目が覚める
прачынацца

見る

глядзець

泣く

плакаць

なでる

лашчыць

櫛ですく

прычэсвацца

話す

гаварыць

理解する

разумець

質問する

пытаць

聞く

чуць

飲む

піць

食べる

есці

片づける

прыбіраць

愛する

кахаць

料理する

гатаваць

運転する

ехаць

飛ぶ

лятаць

活動 - дзейнасць

ヨットに乗る

плаваць пад ветразем

計算する

лічыць

読む

чытаць

学ぶ

вучыць

働く

працаваць

結婚する

уступаць у шлюб

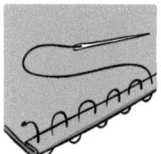

縫う

шыць

歯を磨く

чысціць зубы

殺す

забіваць

喫煙する

курыць

送る

пасылаць

家族

сям'я

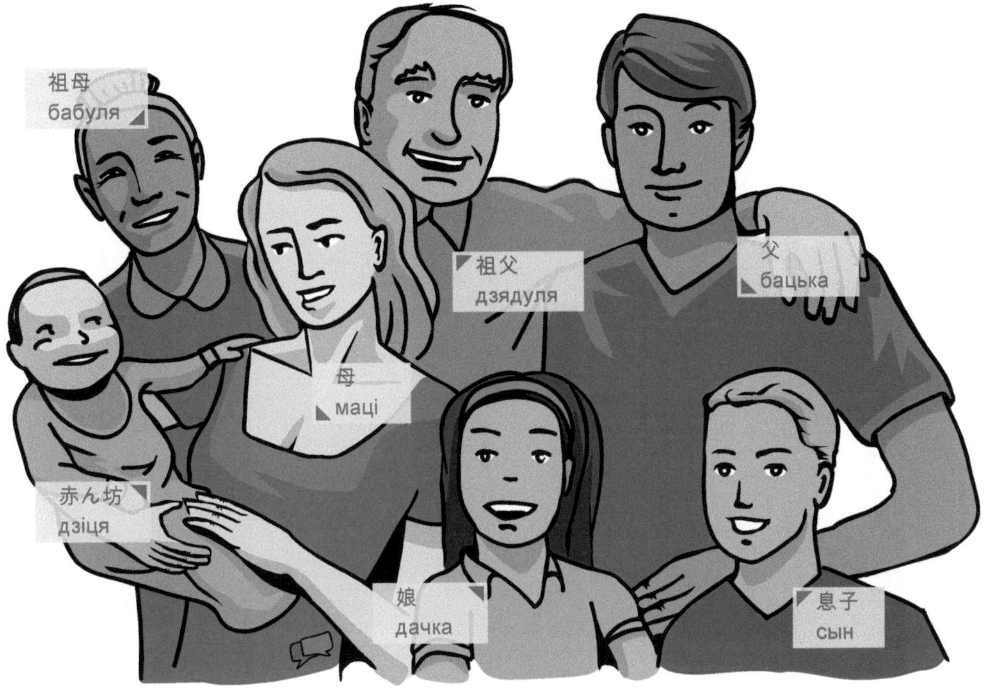

祖母
бабуля
祖父
дзядуля
父
бацька
母
маці
赤ん坊
дзіця
娘
дачка
息子
сын

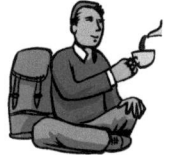

お客様

госць

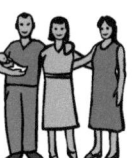

おば

цётка

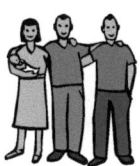

おじ

дзядзька

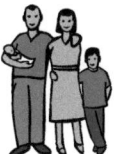

兄弟

брат

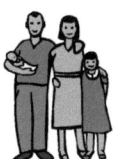

姉妹

сястра

体

цела

ひたい
лоб
目
вока
肩
плячо
指
палец
顔
твар
あご
падбародак
手
рука
胸
грудзі
脚
нага
腕
рука

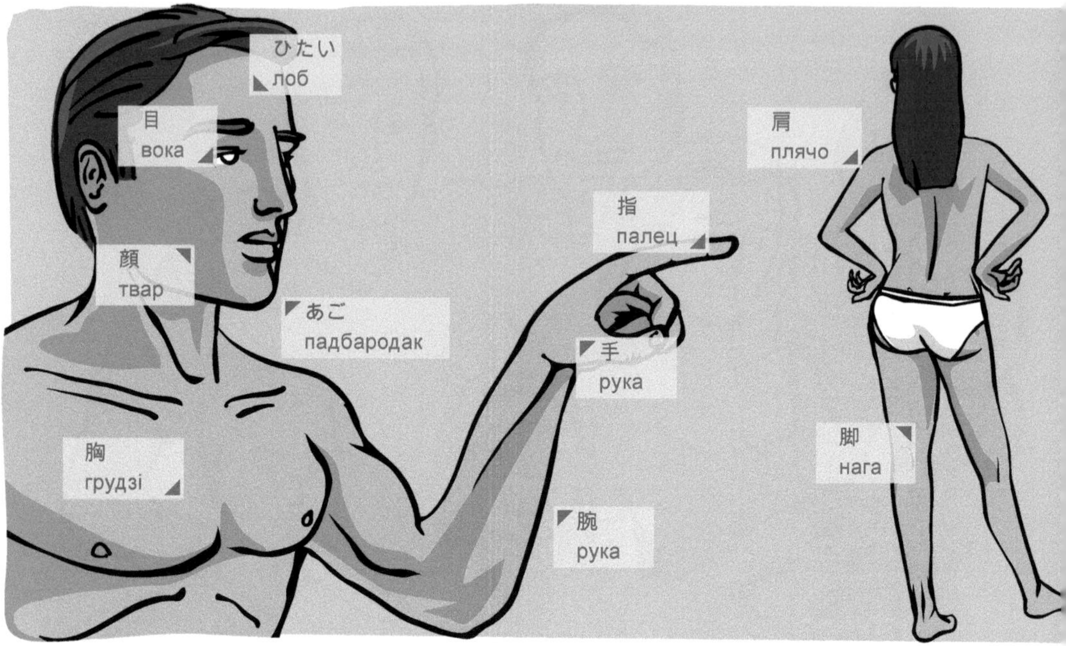

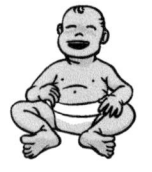

赤ん坊

дзіця

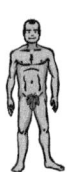

男性

мужчына

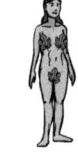

女性

жанчына

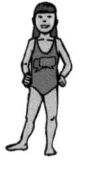

少女

дзяўчынка

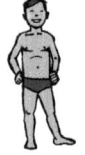

少年

хлопчык

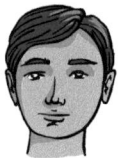

頭

галава

背中
спіна

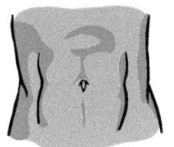

腹
жывот

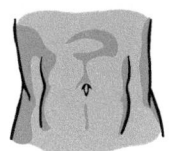

へそ
пуп

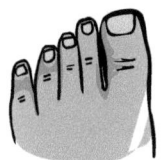

足指
палец нагі

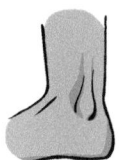

かかと
пятка

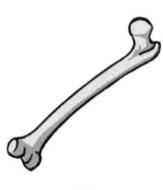

骨
костка

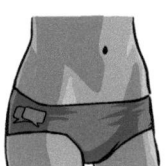

腰
бядро

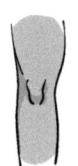

ひざ
калена

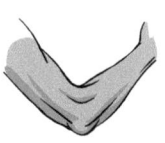

ひじ
локаць

鼻
нос

尻
ягадзіца

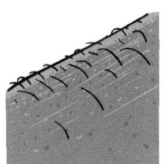

皮膚
скура

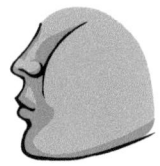

頬
шчака

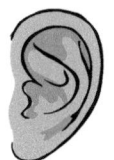

耳
вуха

唇
губа

体 - цела

口
....
рот

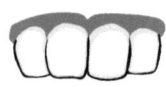

歯
....
зуб

舌
....
язык

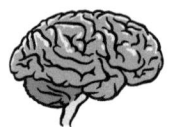

脳
....
галаўны мозг

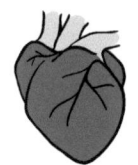

心臓
....
сэрца

筋肉
....
мышца

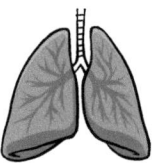

肺
....
лёгкае

肝臓
....
пячонка

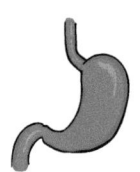

胃
....
страўнік

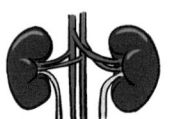

腎臓
....
ныркі

セックス
....
сэкс

コンドーム
....
прэзерватыў

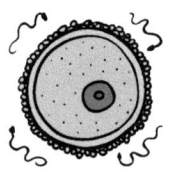

卵細胞
....
яйцаклетка

精液
....
сперма

妊娠
....
цяжарнасць

体 - цела

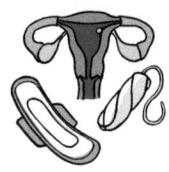

月経
....
менструацыя

膣
....
похва

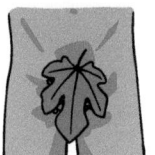

ペニス
....
пеніс

眉
....
брыво

髪
....
валасы

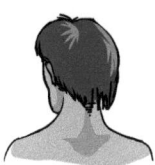

首
....
шыя

病院

шпіталь

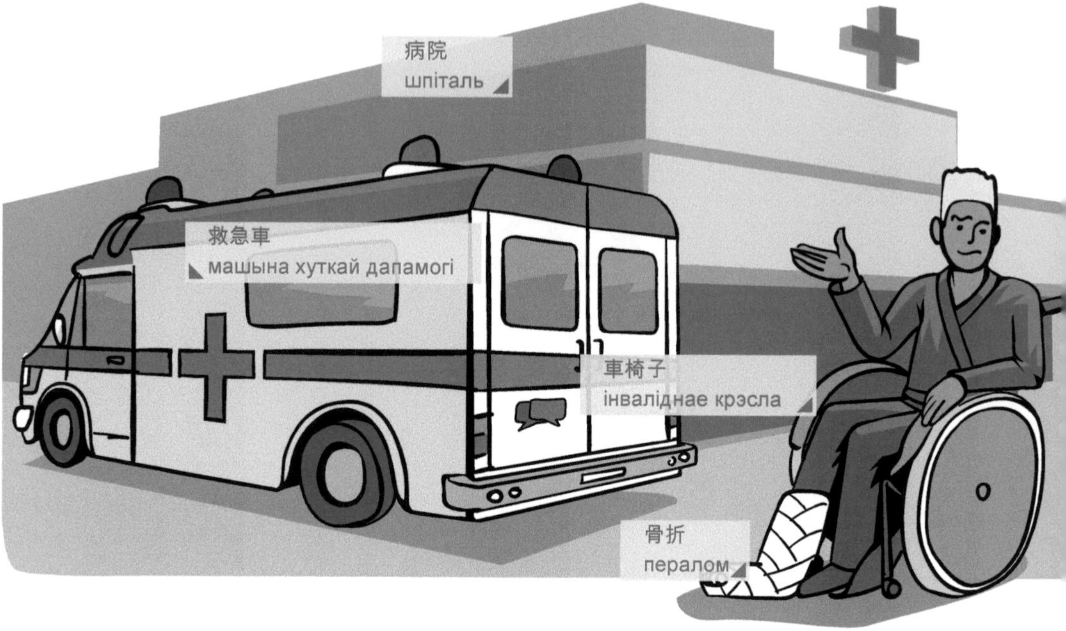

病院
шпіталь
救急車
машына хуткай дапамогі
車椅子
інваліднае крэсла
骨折
пералом

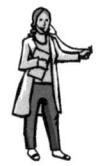

医師

доктар

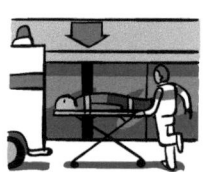

救急治療室

аддзяленне першай дапамогі

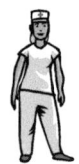

看護師

медсястра

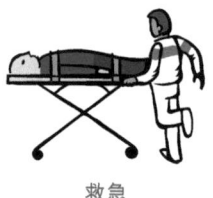

救急

экстраная дапамога

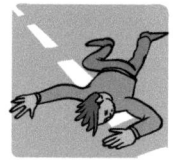

失神

непрытомны

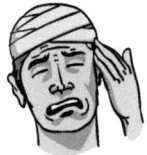

痛み

боль

けが

траўма

出血

крывацёк

心臓発作

інфаркт

脳卒中

апаплексія

アレルギー

алергія

咳

кашаль

熱

гарачка

インフルエンザ

грып

下痢

панос

頭痛

галаўны боль

癌

рак

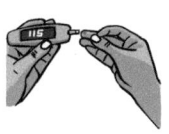

糖尿病

дыябет

外科医

хірург

外科用メス

скальпель

手術

аперацыя

CT
KT

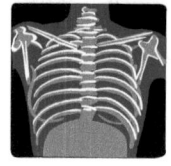

レントゲン
рэнтген

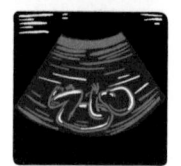

超音波
ультрагук

マスク
маска

病気
хвароба

待合室
пачакальня

松葉づえ
мыліца

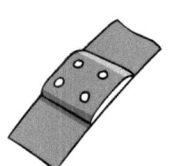

ばんそうこう
пластыр

包帯
бінт

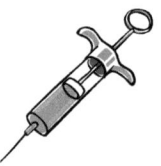

注射
ін'екцыя

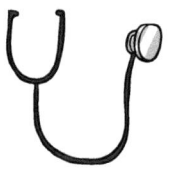

聴診器
стэтаскоп

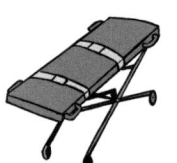

担架
насілкі

体温計
градуснік

出産
нараджэнне

肥満
лішняя вага

補聴器

слухавы апарат

消毒剤

дэзінфекцыйны сродак

感染

інфекцыя

ウイルス

вірус

HIV / エイズ

ВІЧ/СНІД

内服薬

лекі

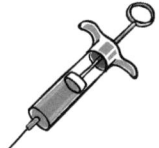

予防接種

прышчэпка

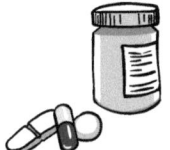

錠剤

таблеткі

ピル

супрацьзачаткавая таблетка

緊急電話

экстраны выклік

血圧計

танометр

病気の / 健康な

хворы / здаровы

病院 - шпіталь

助けて！

Ратуйце!

アラーム

сігналізацыя

暴行

напад

攻撃

атака

危険

небяспека

非常口

аварыйны выхад

火事だ！

Пажар!

消火器

вогнетушыцель

事故

аварыя

救急箱

аптэчка

SOS

СОС

警察

паліцыя

ヨーロッパ

Еўропа

北米

Паўночная Амерыка

南米

Паўднёвая Амерыка

アフリカ

Афрыка

アジア

Азія

オーストラリア

Аўстралія

大西洋

Атлантычны акіян

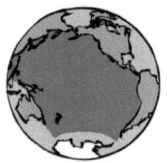

太平洋

Ціхі акіян

インド洋

Індыйскі акіян

南極海

Паўднёвы ледавіты акіян

北極海

Паўночны ледавіты акіян

北極

Паўночны полюс

南極

Паўднёвы полюс

南極大陸

Антарктыда

地球

Зямля

陸

краіна

海

мора

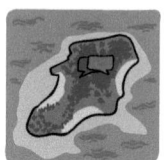

島

востраў

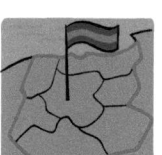

国家

нацыя

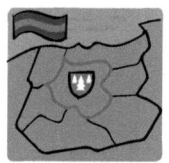

国家

дзяржава

文字盤

цыферблат

短針

гадзінная стрэлка

長針

хвілінная стрэлка

秒針

секундная стрэлка

何時ですか？

Колькі часу?

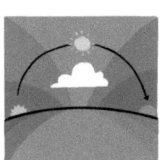

日

дзень

時間

час

現在

зараз

デジタル時計

электронны гадзіннік

分

хвіліна

時間

гадзіна

тыдзень

月曜
панядзелак

MO

TU

火曜
аўторак

水曜
серада

W

TH

木曜
чацвер

金曜
пятніца

FR

SA

土曜
субота

SO

日曜
нядзеля

昨日
ўчора

今日
сёння

明日
заўтра

朝
раніца

昼
абед

夜
вечар

営業日
працоўныя дні

週末
выхадныя

年

год

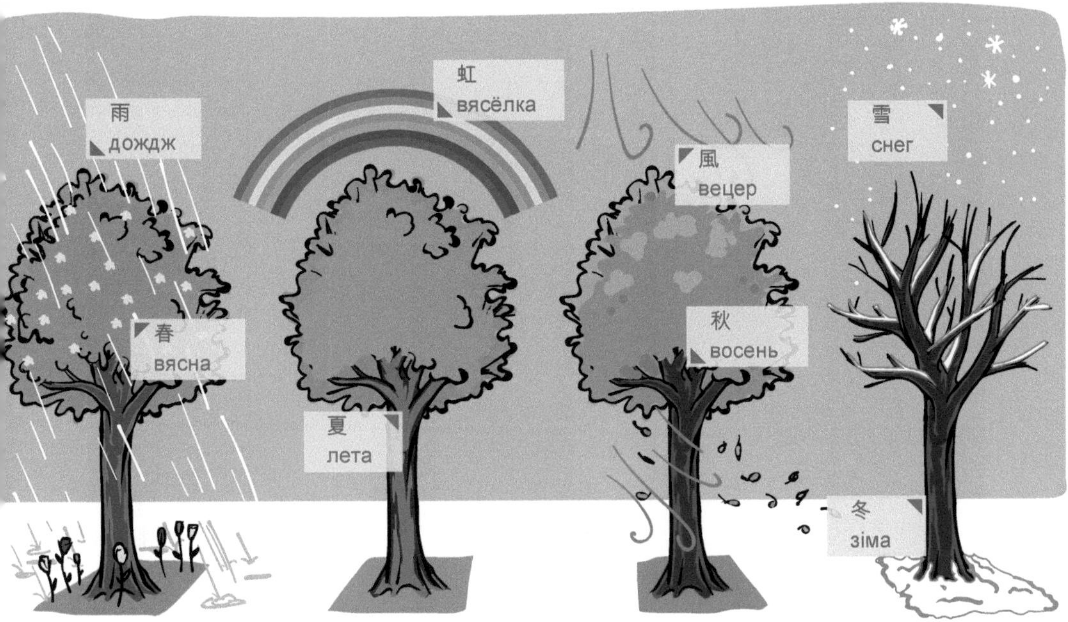

雨
дождж
虹
вясёлка
風
вецер
雪
снег
春
вясна
夏
лета
秋
восень
冬
зіма

4.APRIL 11°
5.APRIL 4°
6.APRIL 13°
7.APRIL 8°
8.APRIL 10°

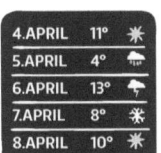

天気予報

прагноз надвор'я

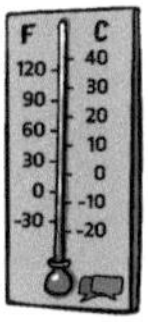

F C
120 40
90 30
60 20
30 10
0 0
-30 -10
-20

温度計

градуснік

日差し

сонечнае святло

雲

воблака

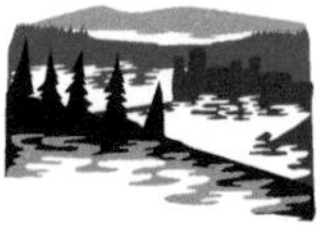

霧

туман

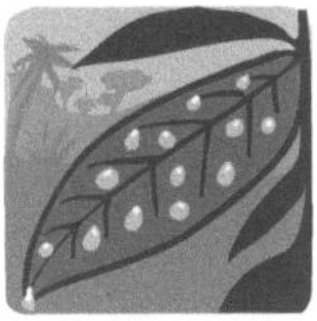

湿度

вільготнасць паветра

雷

マランカ

маланка

雷

гром

嵐

бура

ひょう

град

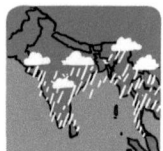

季節風

мусонны вецер

洪水

прыліў

氷

лёд

1月

студзень

2月

люты

3月

сакавік

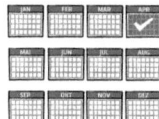

4月

красавік

5月

май

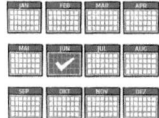

6月

чэрвень

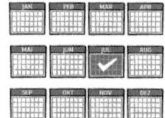

7月

ліпень

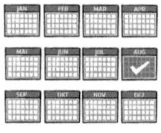

8月

жнівень

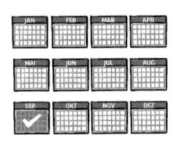

9月

....

верасень

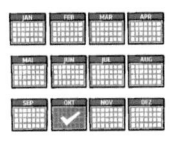

10月

....

кастрычнік

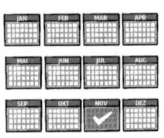

11月

....

лістапад

12月

....

снежань

形

формы

円

....

круг

正方形

....

квадрат

長方形

....

прамавугольнік

三角

....

трохвугольнік

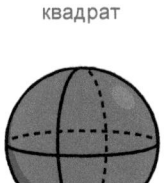

球

....

шар

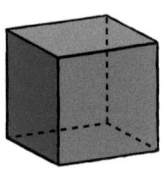

立方体

....

куб

白
....
белы

黄
....
жоўты

オレンジ
....
аранжавы

ピンク
....
ружовы

赤
....
чырвоны

紫
....
фіялетавы

青
....
сіні

緑
....
зялёны

茶
....
карычневы

灰色
....
шэры

黒
....
чорны

多い ／ 少ない

шмат / мала

怒っている ／
落ち着いている
злы / добры

美しい ／ 醜い

прыгожы / брыдкі

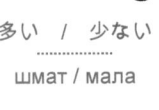

初め ／ 終わり

пачатак / канец

大きい ／ 小さい

высокі / малы

明るい ／ 暗い

светлы / цёмны

兄弟 ／ 姉妹

сястра / брат

清潔な ／ 汚い

чысты / брудны

完全な ／ 不完全な

поўны / няпоўны

日中 ／ 夜

дзень / ноч

死んだ ／ 生きている

мёртвы / жывы

幅広い ／ 狭い

шырокі / вузкі

食べられる /
食べられない
ядомы / няядомы

悪意のある / 親切な
злы / добры

興奮している /
退屈じている
узбуджаны / нудны

太った / 痩せた
тоўсты / тонкі

最初に / 最後に
першы / апошні

友人 / 敵
сябар / вораг

いっぱいの / 空の
поўны / пусты

硬い / 柔らかい
цвёрды / мяккі

重い / 軽い
важкі / лёгкі

空腹 / 喉の渇き
голад / смага

病気の / 健康な
хворы / здаровы

違法な / 合法な
нелегальны / легальны

賢い / 愚かな
разумны / дурны

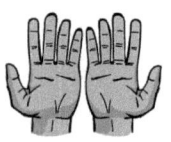

左に / 右に
левы / правы

近い / 遠い
побач / далёка

新しい / 中古の

новы / былы ва ўжыванні

何もない / 何かある

нічога / нешта

老いた / 若い

стары / малады

オン / オフ

укл / выкл

開いている /
閉まっている

адчынены / зачынены

静かな / うるさい

ціхі / гучны

裕福な / 貧乏な

багаты / бедны

正しい / 間違っている

правільна / няправільна

粗い / なめらか

шурпаты / гладкі

悲しい / 幸せな

сумны / шчаслівы

短い / 長い

кароткі / доўгі

ゆっくり / 速い

павольны / хуткі

濡れた / 乾いた

вільготны / сухі

温かい / 冷たい

цёплы / халаднаваты

戦争 / 平和

вайна / мір

反対 - супрацьлегласці

0

ゼロ
....
нуль

1

1
....
адзін

2

2
....
два

3

3
....
тры

4

4
....
чатыры

5

5
....
пяць

6

6
....
шэсць

7

7
....
сем

8

8
....
восем

9

9
....
дзевяць

10

10
....
дзесяць

11

11
....
адзінаццаць

12

12
....

дванаццаць

13

13
....

трынаццаць

14

14
....

чатырнаццаць

15

15
....

пятнаццаць

16

16
....

шаснаццаць

17

17
....

сямнаццаць

18

18
....

васямнаццаць

19

19
....

дзевятнаццаць

20

20
....

дваццаць

100

100
....

сто

1.000

1000
....

тысяча

1.000.000

100万
....

мільён

英語

англійская

アメリカ英語

англійская (Амерыка)

中国標準語

кітайская мандарынская

ヒンディー語

хіндзі

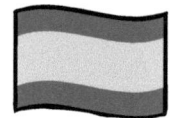

スペイン語

іспанская

フランス語

французская

アラビア語

арабская

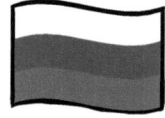

ロシア語

руская

ポルトガル語

партугальская

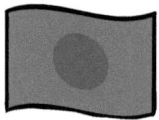

ベンガル語

бенгальская

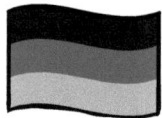

ドイツ語

нямецкая

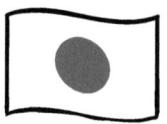

日本語

японская

私

я

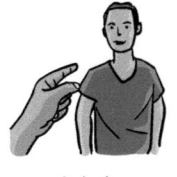

あなた

ты

彼 / 彼女 / それ

ён / яна / яно

私たち

мы

あなたたち

вы

彼ら

яны

誰？

хто?

何？

што?

どうやって？

як?

どこ？

дзе?

いつ？

калі?

名前

імя

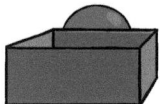

後ろ

за

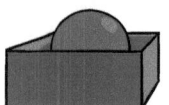

中

у

前

перад

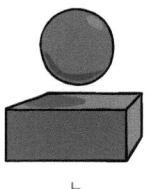

上

над

上

на

下

пад

横

каля

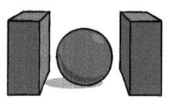

間

паміж

場所

месца